Rudolf Schnee

Ein Beitrag zur Kritik der Aristophanesscholien

Rudolf Schnee

Ein Beitrag zur Kritik der Aristophanesscholien

ISBN/EAN: 9783743436800

Hergestellt in Europa, USA, Kanada, Australien, Japan

Cover: Foto ©ninafisch / pixelio.de

Manufactured and distributed by brebook publishing software (www.brebook.com)

Rudolf Schnee

Ein Beitrag zur Kritik der Aristophanesscholien

Ein Beitrag

zur

Kritik der Aristophanesscholien

von

Dr. R. Schnee.

Berlin.
Verlag von Mayer & Mueller.
1879.

I.

Wie sich alle uns erhaltenen Aristophaneshandschriften auf ein gemeinsames Urexemplar zurückführen lassen, das etwa in das dritte oder vierte Jahrhundert n. Ch. G. zu setzen ist, so gehen auch alle uns übriggebliebenen Scholienüberreste auf einen gemeinschaftlichen Urtext zurück. Ist es nun oft schon äusserst schwierig, den Text der Schriftsteller in seiner ursprünglichen Fassung herzustellen, so ist dies doch mehr bei den Scholien der Fall. Denn beim Text des Autors wagen es selbst die nachlässigsten Abschreiber nicht, absichtlich mehrere Worte auszulassen, weil dadurch Gedankengang wie Versmass zerstört würde; hier kommen also höchstens durch Nachlässigkeit einige Lücken vor. Bei den Scholien dagegen halten sich die Schreiber lange nicht so genau an die Vorlage; willkührlich lassen sie oft eine Erklärung fort, weil sie entweder ihnen unnöthig schien oder auch weil sie an die Richtigkeit derselben nicht glaubten. Weit werthvoller als beim Texte selbst wird es daher bei der Herausgabe von Scholien sein, wenn wir möglichst viele alte Manuscripte benutzen können. Deshalb war es auf dem Gebiete der Aristophanesscholien von besonderer Wichtigkeit, als man die Erkenntniss gewann, dass der Lexikograph Suidas an zahllosen Stellen unsere Scholien ausgeschrieben habe; und mit Recht wird in der Vorrede zur Duebnerschen Ausgabe von Dindorf gesagt: Suidam haec scholia expilare solitum diligentius quam ceteri tractavit. Dabei wird man freilich eingestehen müssen, dass weder für die Vervollständigung der Scholien noch für die Emendirung derselben jenes Lexikon genügend ausgebeutet worden ist[1]). Ich will dies an den Acharnern und Ecclesiazusen darzuthun versuchen. Darüber will ich zunächst schweigen, dass die Varianten des Suidas fast ganz in dem Dindorfischen Apparat fehlen, ebenso, wo jener ein Scholion nur oberflächlich excerpirt hat, obgleich ich für meinen Theil, der ich den Suidas dem Ravennas durchaus für ebenbürtig schätze, es für gleich gerecht halte, die Abweichungen dieses wie jenes anzuführen. Wichtig aber für die Beurtheilung scheint es mir, dass an vielen Stellen z. B. dem Ravennas allein eine Verbesserung zugeschrieben wird, die sich ebenso im Suidas findet. Hierfür mögen nur die Beispiele aus den Acharnern angeführt werden: v. 1 ὅσα - σημαίνει R [et Suidas]. 92 ἀντὶ τοῦ R [et S]. v. 284 Τεῦκρε-φίλη κεφαλή R [et S]. 284 sagt Dindorf: ὦ addidi ex R, in quo est

---

[1]) Ein treffliches Beispiel, wie man den Suidas ausnutzen kann, gewährt Otto Jahn's Ausgabe der Sophocleischen Electra, obgleich er freilich manches in die Scholien aufgenommen hat, was den alten Sophocles-Scholien durchaus fremd und nur vom Suidas hinzugefügt ist z. B. zu v. 100 Ἠλέκτρα φασί.

ὡς; er hätte sagen sollen: ὦ addidi ex Suida, ὡς R. v. 351 καὶ add. R [et S]. 390 ἔνθα δὲ et ἔσκεν addidi ex R [et S]. 397 ἄνω — ἔχων add. R [et S]. 498 τὸ add. R [et S]. 506 μέρος — κριθῶν [R et Suidas]. 531: σκοτοδινιῶ R [et S]. 690 μὲν add. R [et S]. 710 κατεπάλαισε — κατεπόλησεν add. R [et S]. 741 ἀδιαφόρως R [et Suidas] ἐπὶ ἄρρενος Aldina. 807 ἀθρόως R [et S]. 880 Κωπαΐς hic R [et S] post Βοιωτιᾷ Ald. 1013 ἀναφύσα, ζωπύρει R [et S]. 1039 χορδὴ — προβάτου R [et S]. 1054 χιλιῶν-Ἀττικοί R [et S]. 1075 ἐν μιᾷ — Δίδυμος ante Θεόπομπος collocat R [et S]. 1081 add. R [et S]. 1100 καὶ τὸ — πήγνυσθαι addidi ex R [et S]. 1110 ζῶον κατεσθίον τὰς τρίχας, οἱ σῆτες, ὁ θρίψ R [et S]. 1176 οἰσύπη — προβάτων R [et S]. — Ebenso hätte Dindorf wenigstens die Varianten des Suidas aufnehmen sollen, die den Lesarten unserer Handschriften gleich gut sind und möglicherweise das Richtige bieten. So hat Suidas, um nur ein Beispiel zu geben, nch. v. 1081: ὃ δὲ θέλει εἰπεῖν, τοιοῦτό ἐστι (Ravennas τοῦτο). Man wird hier zweifelhaft sein, was man schreiben soll, zumal da die Schreibart des Suidas insbesondere den sonstigen Sprachgebrauch unserer Scholien wiedergiebt cf. ὃ δὲ λέγει, τοιοῦτόν ἐστι equ. 609. 638. 811. 819. 822 τὸ λεγόμενον τοιοῦτόν ἐστι equ. 773. pac. 611. 879. 1081. nub. 145. ὃ οὖν θέλει λέγειν, τοιοῦτόν ἐστι. equ. 1276. etc.

Wir wenden uns nun zu den Stellen, wo Suidas die allein richtige Schreibart erhalten hat, ohne dass dies die Herausgeber bisher beachtet haben.

v. 92: οὕτω δὲ ἐκάλουν τοὺς σατράπας, δι' ὧν

πάντα ὁ βασιλεὺς ἐπισκοπεῖ, ὡς βασιλέως ὦτα, οἱ ὠτακουσταί, δι᾽ ὧν ἀκούει τὰ πραττόμενα ἑκάστῳ πανταχοῦ. Wenn οἱ ὠτακουσταί verstanden werden soll, so müsste man ein ἐκαλοῦντο aus dem vorigen ergänzen. Dies ist jedoch nicht blos im höchsten Grade schwerfällig, sondern wegen der engen Verbindung der beiden Vergleichungssätze ganz unglaublich; ich würde daher auch ohne handschriftliche Auctorität τοὺς ὠτακουσιάς schreiben, um so mehr aber, da Suidas dies
- bezeugt.

387: Οὗτος ὁ Ἱερώνυμος μελῶν ἐστι ποιητὴς καὶ τραγῳδοποιὸς ἀνώμαλος καὶ ἀνοικονόμητος, διὰ τὸ ἄγαν ἐμπαθεῖς γράφειν ὑποθέσεις, καὶ φοβεροῖς προσωπείοις χρῆσθαι. ἐδόκει δὲ κροτεῖσθαι. κτα. Man sieht schwer ein, wie ein Dichter anomal und ungeordnet genannt werden kann, weil er etwas zu leidenschaftliche Argumente sich wählt und weil seine Helden dem Zuschauer Furcht und Schrecken einflössen. Sehr passend kann man dagegen sagen, dass ein Dramatiker ausgezischt wurde, weil der Inhalt seiner Stücke zu wild und die Personen derselben zu abschreckend sind: wir werden deshalb mit Recht hinter ἀνοικονόμητος einen Punkt setzen und mit Suidas schreiben: διὰ δὲ τὸ ἄγανπροσωπείοις χρῆσθαι, ἔδοκει κροτεῖσθαι. Zu bedenken ist dabei noch, dass der Ravennas überhaupt das ganze Scholien auslässt.

397: εἶπε γὰρ ὁ νοῦς μὲν ἔξω, αὐτὸς δὲ ἔνδον. So steht in der Aldina, während im Ravennas diese Stelle fehlt. Viel klarer und durchaus der formelhaften Sprache unserer Scholien gemäss ist dagegen die Fassung bei Suidas: εἰπὼν γὰρ „ὁ νοῦς μὲν ἔξω" ἐπήνεγκεν αὐτὸς δὲ ἔνδον. Wie formelhaft übrigens εἰπὼν γὰρ ... ἐπήνεγκεν ist, mögen einige Beispiele zeigen: equ. 954: εἰπὼν γὰρ λάρος ἐπήνεγκε τὸν κλεωνύμον. nub. 50 εἰπὼν γὰρ τριῶν αὐτὸν ὀδωδέναι ... καὶ τὰ ἐκείνης ἐπήγαγε. cf. 694. 963. equ. 357 ran 54. 722. ach. 407 u. s. w.

509: τοῦτο δὲ εἶπεν, ἐπειδὴ τοὺς εἵλωτας οἰκέτας καθεσθέντας ἐν τῷ ἱερῷ τοῦ Ποσειδῶνος τοῦ Ταιναρίου οὐδὲν δείσαντες ἀνεῖλον Λακεδαιμόνιοι κτα. Jedem, der diese Worte liest, muss es meiner Meinung nach wunderbar vorkommen, wozu hier die Heloten noch das Epitheton οἰκέται bekommen. Sie haben sich doch im Tempel des Poseidon nicht als Diener, sondern als Schutzflehende niedergesetzt; dies ist aber ἱκέτας, wie bei Suidas erhalten ist.

524: Λάταξ, χαλκῇ φιάλῃ, ἥν μεταξὺ τοῦ δείπνου ἐτίθεσαν οἴνου πεπληρωμένην· εἶτα εἰς σμικρὰ ποτήρια ἐμβαλόντες ταύτην ἔρριπτον εἰς τὸ ψύχον ἐκτελέσαι, ὃς ἐκαλεῖτο κότταβος. κτα. Diese Fassung, welche Dindorf aus der Aldina aufnimmt, giebt uns von dem beliebten Spiele eine ganz falsche Vorstellung; hiernach wäre mit der Schale selbst geworfen, was ganz irrthümlich ist. Zugleich wäre die Erwähnung der kleineren Trinkgefässe ganz unnütz gewesen. Auch hier hat offenbar Suidas das allein Richtige bewahrt: εἶτα εἰς μικρὰ ποτήρια ἐμβαλόντες οἶνον, εἰς ταύτην ἀπὸ ψύφους ἐρρίπτουν ἐπὶ τῷ ψόφον ἀποτελέσαι κτα.

724: οἱ δὲ ἀπὸ Λεπρεόυ πολίσματος τῆς Πελοποννήσου, ἧς μέμνηται καὶ Καλλίμαχος ἐν ὕμνοις κτα. Da

Λέπρεος nur Maskulinum ist (oder als Neutrum Λέπρεον), so müsste sich ἧς auf τῆς Πελοποννήσου beziehen, was natürlich sinnlos ist. Man würde daher für ἧς wohl sicher οὗ schreiben müssen, selbst wenn auch Suidas ἧς nicht aber οὗ hätte.

987: ὦ Κύπριδι: ἀντὶ τοῦ ὦ εἰρήνη· καλῶς δὲ ἡ εἰρήνη τῇ Ἀφροδίτῃ καὶ ταῖς χάρισι φίλη, ὅτι οἱ γάμοι καὶ αἱ ἑορταὶ ἐν καιρῷ τῆς εἰρήνης ἄγονται καὶ ὅτι ἡδίστη καὶ ἐπιχαρής ἐστιν. Zunächst muss ich darauf hinweisen, dass in diesem Scholion zwei verschiedene Erklärungen verschmolzen sind. Der eine Interpret meinte, Κύπριδι ξύντροφε διαλλαγή hätte der Dichter darum gesagt, weil Feste und Hochzeiten besonders im Frieden gefeiert würden; ein anderer dachte an die Friedensgöttin, die man sich von hervorragender Schönheit und Anmuth vorstellte. Aus dieser Erwägung erhellt, dass man ἢ ὅτι ἡδίστη zu schreiben hat, was glücklicherweise auch im Suidas steht. Ebenso wird ἐπίχαρις für ἐπιχαρής aus demselben Autor aufzunehmen sein, da ἐπιχαρής in der Bedeutung „anmuthig" sich erst in der Zeit der Byzantiner findet.

1108: λοφίον .... ἐὰν δὲ διὰ τῆς εἰ διφθόγγου, προπερισπᾶται καὶ δηλοῖ τὴν θήκην; so schrieb Dindorf nach der Aldina, während im Ravennas noch τῶν λόφων hinzugefügt ist. Nun ist zwar klar, dass der Pluralis Genit. unpassend ist, aber τὴν θήκην allein ist doch auch nicht das Richtige, weil λοφεῖον nicht im Allgemeinen „Futteral" bedeuten kann. Nothwendig ist, τοῦ λόφου τὴν θήκην, was Suidas bezeugt und

noch durch Scholien 1119 empfohlen wird: τοὔλυτρον· κρατεῖ καὶ ἕλκει τοῦ δόρατος τὴν θήκην.
1100: ὅπερ λαμβάνει ὕειον στέαρ κτα. Es handelt sich hier um eine Erklärung des Didymus, der das θριόν, ein beliebtes Athenisches Gericht erörtert. Da passt doch λαμβάνει nicht, vielmehr erwarten wir ὅ περιλαμβάνει, welches besteht aus . . .; wir werden dies daher aus Suidas aufnehmen.

1166: ὁ δὲ Ὀρέστης οὗτος προςποιούμενος μωρίαν τοὺς παριόντας ἀπέδυεν. Für μωρίαν hat Suidas μανίαν, was zweifellos richtig ist, wie uns der Ravennas sowohl wie der Venetus selbst bezeugen, wenn sie av. 713 überliefern: Ὀρέστης μανίαν προςποιούμενος ἐν τῷ σκότει τοὺς ἀνθρώπους ἀπέδυεν.

eccles. 983: κρησέραν· Τὸ περιβόλαιον τῶν κοφίνων. ἔστι δὲ δι' ἔρωτος. Was Dindorf sich unter δι' ἔρωτος gedacht haben mag, ist mir völlig unklar. Das allein verständige hat Suidas: ἔστι δὲ διερρωγός, d. h. der Deckel der Tragekörbe ist durchbrochen.

Diese Beispiele werden einen Begriff davon geben, wie wenig eigentlich noch das Lexikon des Suidas für die Emendirung unserer Scholien verwerthet ist. Noch schlimmer steht es beinahe in Betreff der Bereicherung der Scholien. Bevor wir jedoch dazu übergehen, wollen wir kurz erörtern, in welcher Weise jener Lexikograph bei der Benutzung der Aristophanes-Scholien verfahren hat. Zunächst ist zu constatiren, dass derselbe bei weitem die meisten Erklärungen vollständig in sein Werk aufgenommen hat. Nicht selten jedoch hat er dieselben exerpirt, wie man dies ja auch in unseren eigentlichen Scholienhandschriften dem Venetus und ganz besonders im Ravennas vorkommt. Diese sind dann freilich für die Kritik des Scholientextes in der Regel nicht mehr verwendbar. Rechnet man nun diese Verkürzungen ab, so finden wir im Uebrigen die einzelnen Scholien treu und zuverlässig beim Suidas wiedergegeben. Willkürliche Erweiterungen habe ich nirgends entdecken können. Seine Gewissenhaftigkeit zeigt sich aber nicht blos darin, dass er längere und werthvolle Erklärungen sorgfältig seinem Lexikon einverleibt, sondern dass er auch die kleinsten und unbedeutendsten Bemerkungen der alten Gelehrten nicht im mindesten verschmäht. Wenige Beispiele mögen dies erläutern:

ach. 1013: ὑποσκάλευε: Ἀναφύσα, ζωπύρει R und Suidas. 1068: τὰς ὀφρῦς ἀνεσπακώς: ἐσκυθρωπακώς. eccles. 34: θρυγονῶσα: ἡσύχας κνῶσα. 115: ἡ μὴ 'μπειρία: τουτέσοι ἡ ἀπειρία. 116: ἐπίτηδες: ἐκ σπουδῆς. 121: περίδου: περίθες. 226: παροψωνοῦσιν: λάθρα ὀψωνοῦσιν. u. s. w. Giebt man nun die Zuverlässigkeit des Suidas zu, so frägt sich noch, an welchen Indicien erkennt man die eigentlichen Aristophanesscholien heraus. Im Allgemeinen genügt zwar: wenn die betreffende Dichterstelle hinzugefügt ist. Nicht selten fehlt aber diese, und wir müssen uns dann nach einem andern Erkennungszeichen umsehen. In diesem Falle muss nämlich das betreffende Wort genau in der Form wie im Texte des Aristophanes der Erklärung vorangestellt sein. Ebendasselbe gilt aber auch für den Fall, dass die Worte des Dichters dabei stehen. Denn wenn es z. B. unter dem Worte διακναιόμενος heisst: ξεόμενος ἢ λυπούμενος· Ἀριστοφάνης „ἄποπος δ' ἔγκεινaί μοί τις πόθος, ὅς με διακναίσας ἔχει, so dürfen wir nicht annehmen, dass ξεόμενος ἢ λυπούμενος aus dem Scholion zu der angeführten Stelle genommen sind. Nur eine Ausnahme machte Suidas, indem er oft den Nominativ statt eines anderen Casus an die Spitze, dann aber die Erklärung danach umändert z. B. av. 1174, wo in unsern Scholien steht: ἡμεροσκόπους: τοὺς ἐν ἡμέρᾳ φρουροῦντας, hat jener ἡμεροσκόποι: οἱ ἐν ἡμέρᾳ φρουροῦντες. Ferner ist es sehr häufig, dass ein und dasselbe Wort öfters bei Aristophanes gebraucht ist und darum auch in mehreren Scholien erklärt wird. So finden sich auch bei Suidas unter ein und demselben Worte mehrere Scholien verknüpft. Aber auch hier ist es nicht schwer, die einzelnen von einander zu trennen. Gewöhnlich macht nämlich jener durch ein καὶ den Uebergang von einem zum andern, indem er zugleich die in der zweiten Stelle gebrauchte Form des Wortes hinzusetzt, z. B. φορυτός: Ἀριστοφάνης (v. 927) „δός μοι φορυτόν, ἵν' αὐτὸν ἐνδήσας φέρω", τουτέστι φρύγανον, σχοινίον, δέσμην χόρτου συρφετώδους. καὶ φορυτῷ (ach. 72), φρυγανώδει ἀκαρθασίᾳ, συρφετώδει, χορτώδει. „σὺν δ' ἄμυδις φορυτόν τε καὶ ἴπνια λύματ' ἀείρας." διὰ τοῦ ο μικροῦ. ἢ ψιαθῶδες πλέγμα, ἐν ᾧ τοὺς στάχυας ἐμβάλλουσιν. ἢ ἡ ἐκ φρυγάνων στρωμνή. Es ist klar, dass das Scholion zu Vers 927 nur bis συρφετώδους reicht, und dass von da an die Erklärung zu v. 72 (wo φορυτῷ vorkommt) beginnt. Zum Ueberfluss wird dies auch durch unsere älteste Handschrift, den Ravennas, bewiesen, welcher nur die Worte φρύγανον — συφρετώδους zu v. 927 hat. Einen grossen Irrthum begieng daher Dindorf, als er v. 927 aus der Aldina noch ἤ — στρωμνήν aufnahm; willkürlich nämlich hatte diese Worte, welche zu v. 72 gehören, wo sie ebenfalls der Ravennas wenigstens zum grossen Theil erhalten hat, Musurus, der Herausgeber der Aldina aus dem Suidas, wie so oft, in unsern Scholientext eingesetzt.

— Haben wir nun ungefähr einen Anhalt, wie wir den alten Scholiasten des Aristophanes bei Suidas herauserkennen können, so dürfen wir auch im einzelnen Falle nicht fragen, ist die oder jene aus Suidas zu schöpfende Ergänzung für die Erklärung selbst nothwendig oder nicht. Das ist nämlich einer der häufigen Willkürlichkeiten unserer Scholienhandschriften, etwas an sich entbehrliches einfach auszulassen oder gar die Fassung der ganzen Erklärung kurz zusammenzuziehen. Suidas Verdienst dagegen ist es, häufig die einzelnen Scholien in der ursprünglichen Gestalt erhalten zu haben. Und bisweilen verdanken wir ihm die werthvollsten Zusätze, wie an einem Beispiel vorausgezeigt werden mag.

ach. v. 932: Haben unsere Scholien (Dindorf p. 405, 2): *Πυρορραγές: πυρορραγῆ κεράμια καλεῖται, ὅσα ἐν τῷ πυρὶ ῥήγνυται εἰς τὸ ὀπιᾶσθαι, ὁ δὲ κέραμος πυρορραγὴς γενόμενος σαθρὸν ἠχεῖ*. Ganz dasselbe lesen wir auch beim Suidas, nur dass dieser *ἐν τῷ ὀπιᾶσθαι* für *εἰς τὸ ὀπιᾶσθαι* überliefert, was mir auch richtig erscheint. Ausserdem setzt er zwischen *ὀπιᾶσθαι* —

und ὁ δὲ κέραμος noch folgende Worte: *Κρατῖνος ἐν Ὥραις „ἴσως πυρορραγὴς καὶ κακῶς ὠπτημένον"*, welche weder willkürlich hinzu erfunden sein können, noch anders woher stammen, als aus einem alten, von den Abschreibern noch nicht verkürzten Scholion. Ich will sodann aus den Acharnern die Fälle aufführen, wo wir dem Suidas eine Erweiterung eines Scholions verdanken, indem die hinzukommenden Worte durch Klammern kenntlich sind. ach. 1: [ἄπειρον] πλῆθος. 12: ἔσεισε: [ἀντὶ τοῦ ἐλύπησε. τὸ¹) δὲ „ἔσεισέ μοι τὴν καρδίαν" ὅτι τὰ τοῦ Ἀισχύλον προσδοκῶν ποιήματα εἰσήχθη τὰ τοῦ Θεόγνιδος]. 35: Hinter οἴκοι. [ταῦτα οὖν φησί· τοῦ ἀγροῦ φέροντος, οὐδὲν ἔδει μοι τοῦ πρίασθαι]. 58: κρεμάσαι [ἀντὶ τοῦ εἰρηνεῦσαι] ἐν γὰρ κτα. 72: φορυτῷ: [φρυγανώδαι ἀκαρθασίᾳ, συρφετώδει, χορτώδει. „σὺν δ' ἄμυδις φορυτόν τε καὶ ἴπνια λύματ' ἀείρας." διὰ τοῦ ο μικροῦ. ἢ] ψιαθῶδές τι κτα. 269: στρατηγὸς [ῥιψοκίνδυνος] sowohl unter der Rubrik πραγμάτων wie *Λάμαχος*. 317: Hinter συγκόπτουσιν. [εἰ μὴ λέγω, φησίν, δίκαια, τῆς κεφαλῆς ἀφαιρεθείην]. 318: Sehr häufig hat er das auch in unsern Handschriften noch oft erhaltene ἀντὶ τοῦ bewahrt, so v. 342. 478. 482. 516. 579. 581. 608. 627. 946. 1068; doch damit man nicht glaubt, dass er es

---

¹) So habe ich für ὃ verbessert, da dieses unverständlich ist, τὸ dagegen dem herrschenden Gebrauch der Scholien entspricht z. B. 866 ach.: βομβαύλιοι: ἀντὶ τοῦ αὐληταί. τὸ βομβύλιος κτα. ach. 1010: πεντ' ἔτη: ἀντὶ τοῦ εἰς πέντε ἔτη. τὸ δὲ μέτρησον ἀντὶ τοῦ δάνεισον u. s. w.

immer rein mechanisch hinzugefügt hat, will ich einige Beispiele anführen, wo es bei ihm fehlt, obwohl unsere Scholienhandschriften es bezeugen, z. B. 493. 823. 894. 908.

387: [unter Ἄιδος κυνῇ: ἐπὶ τῶν ἀφανῶν εἴρηται ἡ παροιμία, νῦν δὲ ἐπὶ τῶν ἄγαν κομώντων]· οὗτος [γὰρ] ὁ Ἱερώνυμος κτα.

459: ἀποκεκρουσμένον: [οἷον ἠκρωτηριασμένον] ἀποκεκλασμένον [καὶ κεκολοβωμένον]. 573: ἐτετύπωτο ἡ Γοργών· [λέγει οὖν, τίς ἐξήγαγεν ἐκ τῆς θήκης τὸ ὅπλον]. 584: (unter φέρε). εἰώθασι γὰρ δυσεμεῖς πιερῷ χρῆσθαι [πρὸς τὸ εὐχερῶς ἐμέσαι]. 617: εἰώθασιν [γὰρ οἱ ἀρχαῖοι], εἴποτε u. s. w. 639: τὸ λιπαρὰς ἀφύας [ἀντὶ τοῦ εὐτελῆ τιμήν]. 640: ἀφύων τιμήν: [τὸ ἔλαιον, ἐπεὶ ἐν αὐτῷ ἕψονται]· καὶ γενικῶς λέγεται κτα. 669: οὐρίᾳ ῥιπίδι: [ἀντὶ τοῦ] τῇ τοῦ ἀνέμου φορᾷ [τῷ ῥιπιδίῳ ἐξαπτόμενος].

690: λύζει: .... [ἢ] λύζει [ἀντὶ τοῦ] ποιὰν φωνὴν τραχεῖαν ἀφίησιν.

823: φαντάζομαι: ἀντὶ τοῦ συκοφαντοῦμαι. [οἱ παλαιοὶ τὸ φαντάζεσθαι ἐπὶ τοῦ φαίνειν ἔλεγον].

930: ἐμπολή: ἐμπολὴ [φορτίον ἢ] τὸ (ἀπὸ) τῆς πραγματείας κέρδος, [ἡ συναγωγὴ τοῦ κέρδους. 981: φιλοτησίαν ἔλεγον τὴν φιάλην τὴν διδομένην ἐν τοῖς συμποσίοις· [ἐν γὰρ τῷ πότῳ φιλοφρονούμενοι ἀλλήλους ἐπέδοσαν οἴνου κύλικα, ἣν φιλοτησίαν ἐκάλουν, ὡς Ὑπερίδης φησὶ καὶ Ἄλεξις· καὶ Ὅμηρος „δειδέχατ' ἀλλήλους καὶ αὖθις ἐγκείτω τις τούτῳ φιλοτησίαν." Was dann bei Suidas folgt, ist wie der Uebergang καὶ φιλοτησίας zeigt, nicht zu unserm Scholion gehörig.

1023: λευκὸν ἀμπέχῃ (Suidas unter ἀμπέχῃ): ἀντὶ τοῦ [περιβέβλησαι ἐπεί, φησὶ, τοὺς βόας ἀπώλεσας, καὶ] λευχειμονεῖς. κτα.

1029: (Suidas unter δημοσιεύω) hinter μόνῳ. [καὶ ἀμισθὶ οὐ μεταδίδωμί σοι.

Doch nicht nur Ergänzungen schon vorhandener Scholien finden sich bei Suidas, sondern auch eine Reihe neuer Scholien. Wir wollen nun diese unsern Scholienhandschriften fehlenden Erklärungen beispielsweise aus den Acharnern und Ecclesiazuhen zusammenstellen: ach. v. 380: κατεγλώιιζε: κατεφλυάρει, κατηγόρει, ἐλοιδόρει. 487: ἄγαμαι καρδίας: ἀττικῶς ἀντὶ τοῦ θαυμάζω. 489: ἀναίσχυντος: ἐπὶ τῶν ἀπηρυθριακότων καὶ μηδεμίαν μεταβολὴν τοῦ τρόπου ποιουμένων. 935: κρατὴρ κακῶν: ἀντὶ τοῦ δοχεῖον κακῶν. 1187: κατασπέρχων: σπουδάζων. Eccles. 56: ἐμπλήμενος: πεπληρωμένος. 176: μέτα: ἀντὶ τοῦ μέτεστιν. 183: ἑκάστοτε: ἀντὶ τοῦ ἀεί. 235: θᾶττον: ταχίον ἢ ἀντὶ τοῦ μᾶλλον. 218: χρηστῶς ἀντὶ τοῦ φυλακτικῶς. 420: ἐπὶ τῶν λαθεῖν μὴ δυναμένων. 464: ἀστεναχτί: ἄνευ στεναγμοῦ. 517: ξυμμίξασα: συντοχοῦσα. δεινοτέρα: ἀντὶ τοῦ ἱκανωτάτῃ, φρονιμωτάτῃ. 630: δευτεριάζειν: τὸ ὕστερον διαπράττεσθαι. 674: ῥαψῳδεῖν: ᾄδειν. 732: ἴσιω ἀντὶ τοῦ ἵστασο. 815: ὑπέχοντος: κρατοῦντος. 954: δονεῖ: ἀντὶ τοῦ κινεῖ, ἐρεθίζει. 994: ἐπὶ τῶν πορνικῶν καὶ ἀσελγῶν γραῶν. 1082: βινεῖν: περαίνειν.

II.

Verlassen wir nun den Suidas und wenden wir uns zu unsern eigentlichen Scholienhandschriften, so ist zunächst in Hinsicht der diplomatischen Kritik die Frage aufzuwerfen, haben wir dem Ravennas oder dem Venetus einen grösseren Werth beizulegen. Dass der erstere bei weitem ungenauer ist, ist so evident, dass es nicht erst zu beweisen ist. Dennoch hat Dindorf sich öfters durch sein Alter täuschen lassen. Wir wollen dies aus dem Wespen begründen. Uebergehen will ich dabei die zahllosen Fälle, wo überhaupt im Ravennas die Scholien fehlen, (z. B. v. 4. 6. 8. 20. 21. 29. 34. 35 u. s. f., ebenso wo von mehreren Erklärungen zu einer Stelle nur eine aufgenommen ist (z. B. 188. 985. 1081. 1103. 1117. 1332. 1339), nur die Beispiele sollen hier aufgeführt werden, wo einzelne Scholien in willkürlicher Weise eine kürzere Fassung bekommen haben. Vergleichen wir z. B. das Scholion zu v. 22 in der Gestalt, wie es der Venetus überliefert mit der Fassung im Ravennas:

V.	R.
ὅτι ταυτόν: ἐν τῷ ὅτι περιττεύει τὸ ὁ Ἀττικῶς. τὸ γὰρ σημαινόμενον ἀντὶ τοῦ τί ταυτὸν ἐν γῇ ἐν ἐρωτήσει. καὶ ἔστιν ὁ λόγος οὕτως· τί τὸ αὐτὸν θηρίον ἐν παντὶ τόπῳ δυστυχεῖ περὶ τὰ πολεμικά, καὶ ἐν γῇ καὶ ἐν ναυμαχίᾳ. θηρίον δὲ ὁ ἀετὸς πανταχοῦ περιπτάμενος, ᾧ παραβάλλει τὸν Κλεώνυμον	ὅτι ταυτὸν ἐν γῇ. παρόσον ὁ ἀετὸς διὰ τοῦ ἀέρος πέτεται καὶ διὰ τῆς θαλάττης καὶ ἐπὶ τῆς γῆς.

V.

v. 57: *ἢ ὡς ποιητῶν ὄντων τινῶν ἀπὸ Μεγαρίδος ἀμούσων καὶ ἀφυῶς σκωπτόντων, ἢ ὡς τῶν Μεγαρέων γελώντων καὶ ἄλλως φορτικῶς γελοιαζόντων. Προσπαλτίοις „τὸ σκῶμμ' ἀσελγὲς καὶ Μεγαρικὸν σφόδρα".*

R.

οἱ μεγαρικοὶ ποιηταὶ ψυχροί τινες ἦσαν καὶ ἄλλως φορτικῶς γελοιαζόντων.

Ebenso gehören hierher v. 5. 32. 62. 147. 220. 251. 393. 438. 580. 602. 729. 834. 904. 973. 1014. 1067. 1172 1184. 1238. 1286. Wenn man diese Stellen genauer betrachtet, so wird man nothwendiger Weise gegen die Ueberlieferung des R. etwas misstrauisch werden. Keineswegs kann man es aber billigen, dass Dindorf zu v. 42 aus dem Ravennas als besonderes Scholion hinzufügt [*τὸν Θέωρον εἰς κόλακα καὶ μοιχὸν καὶ πονηρὸν κωμῳδοῦσιν*]. Es sind nämlich diese Worte nichts als ein Excerpt aus Scholion 42 und 43, sie gehören also unter den Text.

Ganz ebenso ist die v. 99 aus derselben Handschrift hinzugefügte Stelle eine Zusammenziehung von Scholion 98 und 99. Nicht anders darf man über aves 989 urtheilen, wo *Σύμμαχος ὅτι Διοπείθης ὁ ῥήτωρ ὑπομανιώδης ἦν* nur ein Auszug des ganzen Scholien ist, also ohne Berechtigung von Dindorf in den Text gesetzt wurde. Von gleicher Beschaffenheit sind die Zusätze des Ravennas Vers 3. 106. 135. 191. 464. 1036. ran 39. 116. — Zugleich möchte ich über Vers 230 eine Bemerkung machen. Dindorf fügt zu dem bisher bekannten Scholion noch einen Zusatz aus dem Ravennas und einen aus dem Venetus bei; meiner Meinung aber an einem falschen Orte und in einer falschen Art. Ich glaube vielmehr, man muss die ganze Stelle folgendermassen anordnen: Ἀντὶ τοῦ-κώμην. ἀντὶ τοῦ ταύρειος κύνειος εἶπεν παρ' ὑπόνοιαν· ἀσθενέσιεροι δὲ οὗτοι τῶν βοείων. κύνειος δὲ εὔτονός τις καὶ ἰσχυρός. ἤδη δὲ καὶ παροιμιακὸν γέγονε. Χαρινάδης ὄνομα γέγοντος εὑρίσκεται περὶ δικαστήρια καὶ δίκας.

Diese Andeutungen werden genügend zeigen, wie ich die diplomatische Kritik an den Aristophanesscholien zu handhaben gedenke. Ich möchte aber auch zeigen, dass selbst für die Conjecturalkritik noch ein reiches Feld der Arbeit vorhanden ist, und deshalb hier für eine Anzahl verderbter Stellen aus den Vögeln und Fröschen Verbesserungsvorschläge machen.

ran. 53 (Dindorf p. 16, 8): ἀλλ' οὐ συκοφαντεῖται δὴν τὰ τοιαῦτα R. Die andern Handschriften haben: συκοφαντηιέα, woraus Dindorf συκοφαντηιὰ ἦν hergestellt hat. Wahrscheinlicher scheint mir nach der Schreibart des Ravennas: συκοφαντεῖσθαι δεῖ.

553 (Dind. p. 79): τὸ δὲ ὅλον, ὡς ταῦτα τοῦ Ξανθίου ποιοῦντος, ἐπειδὰν διακονῇ τῷ Διονύσῳ κτα. Unverständlich ist mir τὸ δὲ ὅλον. Ausserdem scheint vor ὡς ταῦτα τοῦ Ξανθίου ποιοῦντος etwas vorherzugehen, welches durch dieses begründet wird. Ich glaube daher, dass hinter τὸ δὲ ὅλον etwas ausgefallen ist, und zwar παρὰ τὴν ὑπόνοιαν, welches auch v. 556 steht: Διόνυσος γάρ ἐστιν ὁ τῶν χορῶν προστάτης. τὸ δὲ ὅλον παρὰ τὴν ὑπόνοιαν.

ran. 575 (Dind. p. 81, 20): ἐν δὲ τῷ Καλλιστράτῳ γέγραπται τοὺς ψιάθους, καὶ ὅτι σεσημείωται τοῦτο, ὅτι ἀρσενικῶς εἶπε. Schon die folgenden Worte, eine andere Fassung desselben Scholions: ὅτι ὧδε ἀρσενικῶς, ὧδε δὲ θηλυκῶς, διὸ τὸ χ zeigen, dass man zu σεσημείωται ein τῷ χ wenigstens hinzudenken muss. In der That ist es bei σημειοῦσθαι öfters hinzugetreten, z. B. Vers 1309 ἐπισημειοῦται τὴν λέξιν κἀνταῦθα τὸ χ. ran. 557 ἐπισημειοῦσθαι δὲ τὴν λέξιν ἔδει τῷ χ. Sehen wir uns nun den Sinn unseres Scholions an, so wird erstens darin gesagt, dass beim Kallistratus die Lesart τοὺς ψιάθους stehe, ferner dass dieser das χ wegen des femininellen Gebrauches von ψιάθος erklärt habe. Wir wissen aber, dass die kritischen Zeichen erst nach Kallistratus von Aristophanes besonders angewandt sind. Folglich muss der Sinn anders sein; die Worte nach καὶ können nicht mehr von γέγραπται abhängig sein. Dies ist nur dann möglich, wenn das ὅτι hinter καὶ beseitigt ist. Es wird dies aus τῷ χ entstanden sein. ὅτι und τῷ χ zu verwechseln, ist übrigens gar nicht unwahrscheinlich, da in unsern Scholienhandschriften vielfach Abkürzungen gebraucht sind, so equ. 1351 τ̊ für ὅτι im Venetus u. s. w.

848 (D. p. 104, 5): λίσπη δὲ ἡ ἐκτετριμμένη καὶ λεία. οὕτω γὰρ λέγονται οἱ τονοῦτοι ἀστράγαλοι· ἀφ᾽ οὗ καὶ οἱ λίσποι τὰ ἰσχία. Καλλίστρατος δὲ θηρίδιον λεπτὸν σφόδρα· ἀφ᾽ οὗ καὶ οἱ τὰ ἰσχία λεπτοὶ λίσποι λέγονται.

Die Worte ἀφ᾽ οὗ καὶ οἱ λίσποι τὰ ἰσχία stehen mit dem Vorhergehenden in gar keinem Zusammenhang; ferner müsste es doch wenigstens heissen: ἀφ᾽ οὗ καὶ οἱ τὰ ἰσχία λεῖοι λίσποι (scilicet λέγονται). Aber noch dann wäre der Gedanke falsch, denn wenn die Athener glatte, abgenutzte Würfel λίσποι nannten, so folgt doch daraus nicht, dass sie auch Leute, die glatte Hüftknochen besassen, so hiessen. Verstand hat dagegen die Erklärung des Kallistratos, dass weil ein gewisses zartgebautes Thier λίσποι hiess, davon auch dieser Name auf zartgebaute Menschen übertragen wurde. Es scheint mir daher das erste ἀφ᾽ οὗ καὶ οἱ λίσποι τὰ ἰσχία nichts anderes zu sein, als eine aus dem folgenden entstandene Dittographie.

1060. In diesem berühmten Scholion, welches uns eine literarische Streitfrage über die Perser des Aeschylus mittheilt, lesen wir (Dind. p. 121, 7) τινὲς δὲ γράφουσι [Δαρείου] τὸν Ξέρξου. οἱ δὲ ὅτι τοῖς κυρίοις ἀντὶ τῶν πατρωνυμικῶν κέχρηνται, καὶ ὅτι ὁ Ξέρξης, οἱ δὲ ὅτι εἴδωλον Δαρείου φθέγγεται, ἐκείνου τεθνηκότος δηλονότι. Dindorf hat Δαρείου eingeklammert, da doch Δαρείου τοῦ Ξέρξου keineswegs für Δαρείου im Trimeter des Aeschylus stehen kann. Jedoch lässt sich schwer erklären, wie Δαρείου in den Text gekommen ist. Meiner Ansicht nach ist der Fehler ein ganz anderer. Von Wichtigkeit ist die Erkenntniss, dass unser ganzes Scholion zu V. 1060 zwei Versionen ein und derselben Erklärung eines alten Gelehrten enthält, von denen die eine bei ἄλλως beginnt. Zu unserm Zweck brauchen wir blos die zu verbessernde Stelle der ähnlichen Fassung in der andern Recension gegenüberzustellen:

Χαῖρις δέφησι τὸ Δαρείου | τινὲς δὲ γράφουσι Δαρείου
ἀντὶ τοῦ Ξέρξου. σύνηθες | τοῦ Ξέρξου, οἱ δὲ ὅτι τοῖς
γὰρ τοῖς ποιηταῖς ἐπὶ τῶν | κυρίοις ἀντὶ τῶν πατρω-
υἱῶν τοῖς τῶν πατέρων | νυμικῶν κέχρηνται, οἱ δὲ
ὀνόμασι χρῆσθαι. | ὅτι κτα.

Man sieht leicht ein, dass die erste Erklärung klar und deutlich ist, während die andere nur dadurch verständlich wird, wenn wir hinter *Δαρείου* die Präposition [ἀντὶ] einsetzen, zugleich aber das folgende οἱ δὲ tilgen. Dieses letztere ist nämlich in der Weise entstanden, dass der Abschreiber, der ὅτι schrieb zu dem eine Zeile später folgenden οἱ δὲ ὅτι abirrte. Dass aber die Präposition ἀντὶ gerade sehr häufig in unsern Scholien ausgelassen ist, erkennt man unschwer, wenn man einen Blick in den kritischen Apparat bei Dindorf thut z. B. ach 10. 92. 254 u. s. w.

1237: (Dind. p. 132, 22): Ἀρχελάου αὕτη ἐστὶν ἡ ἀρχή, ὥς τινες ψευδῶς. οὐ γὰρ φέρεται νῦν Εὐριπίδου λόγος οὐδεὶς τοιοῦτος· οὐ γάρ ἐστι, φησὶ Ἀρίσταρχος, τοῦ Ἀρχελάου, εἰ μὴ αὐτὸς μετέθηκεν ὕστερον, ὁ δὲ Ἀριστοφάνης τὸ ἐξ ἀρχῆς κείμενον εἶπεν.

Schon der Anfang ist verdorben; kein Mensch sagt doch „dieser Vers ist aus dem Anfang des Archelaos, wie man falsch annimmt", sondern „er ist nicht aus dem Archelaos, wie man irrthümlich meint". Es fehlt also die Negation, die hinter Ἀρχελάου [οὐχ] leicht ausfallen konnte. Ferner wird durch οὐ γάρ ἐστι, φησὶ u. s. w. kein neuer Grund zur Widerlegung angeführt, sondern nur dasselbe wiederholt. Es ist also anzunehmen, dass zwei verschiedene Scholien, wie so oft, verschmolzen sind; es hätte demnach das ganze ursprünglich folgende Gestalt gehabt: Ἀρχελάου [οὐχ] αὕτη ἐστὶν ἡ ἀρχή, ὥς τινες ψευδῶς. οὐ γὰρ φέρεται νῦν Εὐριπίδου λόγος οὐδεὶς τοιοῦτος. [ἄλλως]: οὔ[χ] ἔστι, φησὶν Ἀρίσταρχος, τοῦ Ἀρχελάου, εἰ μὴ αὐτὸς μετέθηκεν ὕστερον, κτα.

1461: (Dind. p. 149, 15): Ἀπολλώνιος τοῦ Πλούτωνος τοῦτο εἶναί φησι, καὶ γίνεται πρόσωπα ἐν τῇ σκηνῇ δ'· τινὲς δὲ τοῦ χοροῦ. Dadurch, dass dieser Vers nach der Ansicht des Apollonios dem Pluto zu geben sei, kommen vier Personen auf die Bühne; es gehören also die Worte καὶ — σκηνῇ δ' ebenfalls noch zur Ansicht jenes Gelehrten; daher ist γίνεται falsch und γίνεσθαι dafür zu schreiben.

av. 57 (Dind. vol. III. p. 152, 8): οὐ πιθανὸν φησὶν, ἐπὶ οἰκίαν ὀρνέου ἐλθόντα παῖ, παῖ, καλεῖν. οὐ γάρ ἐστιν ἄνθρωποι, ὥστε καὶ παῖδας ἔχειν. Es ist unklar, was man zu φησί, als Subject hinzudenken soll; man könnte meinen „ὁ Ἀριστοφάνης" oder ὁ ποιητής, wie so zahllose Male z. B. v. 92 zu εἶπεν. Aber an unserer Stelle wäre dies unmöglich, da jener sich dann selbst kritisirt hätte. Demnach könnte man πιθανῶς für πιθανόν schreiben, wie z. B. van 302: πιθανῶς τὸ τοῦ δειλοῦ ἦθος (sc. φησι). Besser ist es aber vielleicht noch zu schreiben: οὐ πιθανὸν, φησὶν [.....], ἐπὶ οἰκίαν κτα.

v. 186: (Dind. vol. III. p. 162, 186): ἐν τοῖς Πελοποννησιακοῖς κατὰ πάντων Μηλίων Νικίαν πέμψαντες Ἀθηναῖοι. Schon Küster hat mit Recht an dem πάντων Anstoss genommen und dasselbe getilgt. Jedoch ist dasselbe so seltsam, dass man schwerlich begreifen kann, warum Jemand dies hinzugesetzt hat. Ich glaube, dass man für κατὰ πάντων einfach καταστάντων schreiben muss. Der Sinn ist dann „als die Melier in den Peloponnesischen Krieg verwickelt wurden, schickten die Athener den Nicias aus" u. s. w. καθιστάναι τινὰ ἐν πολέμῳ, Jemanden in einen Krieg verwickeln, sagt z. B. Plato Menex. p. 242 A.

av. 229 (Dind. vol. 3 p. 167, 19): Προσκαλεῖται τοὺς ὄρνιθας, ἵνα συμβουλεύσῃ τὴν πόλιν κτίσαι. τὸ δὲ ὅλον εὐκαίρως ὁ ποιητὴς βούλεται τὸν χορὸν εἰσάξαι τῶν ὀρνέων. Die Worte τὸ δὲ — ὀρνέων sind völlig unverständlich und meiner Meinung verdorben. Das Richtige wird sein: τὸ δὲ ὅλον εὐκαίρως ὁ ποιητής. βούλεται [γὰρ] τὸν χόρον εἰσάξαι τῶν ὀρνέων. Dass zum ersten Satz φησί hinzuzudenken ist, wird nicht auffallen, ebenso ran 302: πιθανῶς τὸ τοῦ δειλοῦ ἦθος. Aber auch die Einschiebung von γὰρ ist sehr wahrscheinlich, da γὰρ oft in den Handschriften abgekürzt wurde (z. B. ⌐ equ. 1360 und 1365 im Venetus) und darum sehr leicht auffallen konnte. Selbst die Endung ται ist der Partikel γαρ sehr ähnlich.

557 (Dind. III. p. 195, 24): Viele unserer Scholien sind nicht blos in der Weise verderbt, dass sie durch grobe Abschreiber entstellt sind, sondern nicht selten auch so, dass Scholien verschiedener Verfasser in eins verschmolzen sind. Ein Beispiel dieser letzten Art haben wir an unserer Stelle. Es standen hier ursprünglich zwei selbständige Erklärungen, die freilich einander sehr ähnlich sind; aber gerade diese Aehnlichkeit er-

möglicht es uns, ihre Ursprünglichkeit wenigstens annähernd herzustellen. Wie diese Uebereinstimmung entstanden ist, wollen wir an einer späteren Stelle erörtern. Sehen wir uns nun unser Scholion selbst an, so lesen wir Dind. p. 196, 1: Φωκεῦσι πάλιν ἀπέδωκαν, ὡς Φιλόχορος ἐν τῇ δ' λέγει. Fast ganz dieselben Worte 196, 11: καὶ τὸ ἱερὸν ἀπέδωκαν Φωκεῦσι, καθάπερ καὶ Φιλόχορος ἐν τῇ δ' λέγει. Ferner Z. 1: δύο δὲ ἱεροὶ πόλεμοι γεγόνασιν und Z. 7: γεγόνασι δὲ δύο πόλεμοι ἱεροί. Ueberhaupt ist der Inhalt von Z. 195, 24—196, 7 vollkommen übereinstimmend mit Z. 196, 7 (γέγονασι δὲ) bis zum Schluss. Es ist hieraus zu folgern, dass ein und derselbe Gelehrte unmöglich dieses in dieser Fassung geschrieben haben kann. Es sind zwei besondere Scholien. Das zweite beginnt von γέγονασι (Z. 196, 7). Es ist daher vor diesem ein [ἄλλως] ausgefallen. Nachdem dies geschehen war, hat ein Abschreiber hinter γεγόνασι, um den Uebergang zu vermitteln, ein δὲ hinzugesetzt, das also zu tilgen ist. Wir schreiben demnach: Ὁ ἱερὸς πόλεμος — ἔχθος. ἄλλως: γεγόνασι δύο πόλεμοι κτα.

610 (Dind. III. p. 199, 13): κακῶς καὶ τοῦτο παρὰ τὸ Ἡσιόδειον παίξει

„ἐννέα γὰρ ξώει γενεὰς λακέρυζα κορώνη."

Zunächst ist zu bemerken, dass nur sehr selten die Gelehrten, welche die Komödien des Aristophanes erklärten, die scherzhaften Einfälle des Dichters getadelt haben; wo dies aber einmal geschehen ist, da müssen wir ihnen vollkommen Recht geben. So sagt vesp. 1298 Didymus: ἀδιανόητα σκώπτει ἐνταῦθα und v. 1302 offenbar derselbe (obgleich sein Name nicht hinzugefügt ist): καὶ ταῦτα ἀπρόσλογα. Sonst finden wir den geistreichen Witz unseres Dichters allgemein gerühmt und anerkannt. So z. B. vesp. 1404: πέπαικται δὲ καλῶς παρὰ τὸ θάπτεσθαι. Nun finden wir aber in unserm Scholion durchaus nichts, was irgendwie den Tadel des Commentators hätte rechtfertigen können. Es wird daher die Vermuthung grosse Wahrscheinlichkeit haben, dass wie so oft, auch hier κακῶς für καλῶς verschrieben ist.

v. 963 (Dind. III. p. 229, 4): Betrachtet man dieses Scholion genauer, so erkennt man leicht, dass nicht ein und derselbe Grammatiker erst 229, 4: Τρεῖς Βάκιδες, ὡς Φιλητᾶς ὁ Ἐφέσιός φησιν und wenige Zeilen später noch einmal: καὶ Βάκιδες ὁμοίως τρεῖς κια. zugleich geschrieben haben kann. Wiederum sind also zwei Scholien in eins verschmolzen. Doch auch noch von einer andern Seite her gelangen wir zu derselben Meinung. In unsern Handschriften steht nämlich ὡς Φιλητᾶς ὁ Ἐφέσιός φησιν οὕτως. Diese letztere Partikel hat Dindorf gestrichen, weil die Worte des Philetas selbst nicht dabei ständen. Wie aber οὕτως in den Text gekommen sei, wird dadurch nicht klar. Ich bin der Ansicht, dass οὕτως echt und vor demselben nur ein ἢ fehlt; ἢ οὕτως ist nämlich ebenso wie ἄλλως von dem Grammatiker, der unsern Scholientext zusammenstellte, dazu verwandt worden, um mehrere zu ein und derselben Stelle gehörende Scholien als von einander verschiedene zu kennzeichnen; z. B. equ. 13.

1161 (Dind. p. 243, 13): *Αἱ διὰ τῶν πύργων φυλακαί· παρὰ τὸν πυρσὸν καὶ τὸ ὠρεύειν* [*οἱ ἐπὶ τῶν πύργων πυρσοί* R]. Es ist schon oben bemerkt worden, dass Suidas, wo er ein Scholion ausschreibt, aber nicht die betreffende Dichterstelle anführt, das zu erklärende Wort in den Nominativ setzt. So hat er es z. B. bei dem unter *φρυκτωρία* mitgetheilten Scholion gemacht. Dieses lautet im Venetus sicherlich verderbt: *παρὰ τὸν πυρσὸν καὶ τὸ ὠρεύειν*. Denn man kann doch keinem der alten Interpreten eine so unsinnige Etymologie zutrauen, *φρυκτωρία* vom *πυρσός* und *ὠρεύειν*. Ganz verständig setzt aber Suidas für *πυρσὸς* das nothwendige *φρυκτός* ein; ferner ist auch *ὠρεύειν* nicht zu brauchen, sondern einfach *ὠρεῖν* aus dem Suidas aufzunehmen, da *φρυκτωρία* doch nur von *φρυκτωρεῖν* abgeleitet sein kann. Ebenso ist überhaupt die ganze Fassung des Scholions aus demselben folgendermassen zu ändern: *φρυκτωρίαι: αἱ διὰ τῶν ἐπὶ τῶν πύργων πυρσῶν παραφυλακαὶ νυκτεριναί. ἢ λαμπάδες ἢ καύσεις. παρὰ τὸν φρυκτὸν καὶ τὸ ὠρεῖν, ὅ ἐστι φυλάττειν*. Die Erklärung des Venetus „eine Wache durch Thürme" ist sicher ohne Sinn; es muss *πυρσῶν* heissen, wie auch das im Ravennas erhaltene Fragment: *οἱ ἐπὶ τῶν πύργων πυρσοί* zeigt.

1273 (Dind. III. p. 249, 3): *ἐπεὶ πολλάκις εἴρηκεν ὦ καὶ οὐκ ἐπίσχει αὐτὸν ὁ Πεισθέταιρος, ὁ ἄγγελός φησι κατακέλευσον, ὥσπερ τοῖς ἐρέσσουσι, καὶ ὦ λέγει, παύσασθαι παρακέλευσαί μοι*. Es handelt sich hier um die Scene, wo ein Herold den Städtegründer Peithetäros mit Schmeichelnamen überhäuft:

Πειθέταιρ', ὦ Πειθέταιρ', ὦ μακάριε
ὦ κλεινότατ', ὦ σοφώτατ', ὦ γλαφυρώτατε,
ὦ τρισμακάρι', ὦ — κατακέλευσον.

ὦ

Die Erklärung unseres Interpreten ist bis ἐρέσσουσι ganz verständig; nachdem der Bote oft o! gebraucht hat, ohne von Peithetärus unterbrochen zu werden, will er sich selbst zum Schweigen bringen und gebraucht, charakteristisch für den Athener, einen Ausdruck aus der Seemannssprache: κατακέλευσον. Was nun folgt: καὶ ὦ λέγει παύσασθαι παρακέλευσαί μοι ist unverständlich, denn nachdem er κατακέλευσον gesagt hat, wiederholt er doch nicht mehr das ὦ. Das λέγει nach dem kurz vorhergehenden φησιν ist an und für sich schon sehr lästig. Ich meine, für ὦ λέγει ist τοῦ λέγειν zu schreiben: καὶ τοῦ λέγειν παύσασθαι παρακέλευσαί μοι. Eine Parallelstelle wird dies noch wahrscheinlicher machen. av. 1395 unterbricht Peithetärus den redseligen Kinesias in der That und zwar auch mit einem seemännischen Ausdruck: ὠόπ; dazu bemerkt der Scholiast: παρακελεύεται αὐτῷ παύσασθαι τοῦ ᾄδειν, ὡς οἱ ἐρέσσοντες κέλευσμα γὰρ ἐστὶ τὸ ὠόπ τῶν ἐρεσσόντων καταπαῦον τὴν κωπηλασίαν. 1290 (Dind. p. 251, 1): fügt der Ravennas zu ὠρνιθομάνουν hinzu: ἀντὶ τοῦ τῶν ὀρνίθων ἐπιθυμοῦσιν, ὅ ἐστιν ἐρημίας. Es ist aber eine Eigenthümlichkeit unseres Scholiasten, bei seinen Erklärungen durchaus das Tempus des zu erklärenden Wortes zu nehmen. Jede Seite unserer Scholien liefert davon Beispiele z. B.

1283: σκυταλί ἐφόρουν: ἀντὶ τοῦ ἐλακώνιζον.
1281: ἀκολαστανεῖτε: ἀκόλαστα καὶ ἄτακτα πράξετε.
1245: μορμολύττεσθαι: ἀντὶ τοῦ ἐκφοβεῖν.
1159: βεβαλάνωται: ἀντὶ τοῦ κεκλείδωται.
1160: ἐφοδεύεται: ἀντὶ τοῦ διοδεύεται.

Wir werden demnach nicht umhin können, auch an unserer Stelle ἐπεθύμουν anstatt des Präsens zu setzen.

1297 (Dind. III. p. 252, 17—253, 11): ὁ μὲν Δίδυμος οὕτως· ὁ δὲ Ἀμμώνιος ᾠήθη ἐξ ἐπιθέτου Μειδίαν ὄρτυγα καλεῖσθαι. γελοίως διὰ τὸ κυβευτὴν εἶναι κτα. und p. 253, 5 ὁ δὲ Σύμμαχος. ἧκεν, ἑώκει. ὄρτυγα δὲ λέγει, ὅτι ὀρτυγοκόπος ἦν κτα.

Es scheinen hier drei besondere Erklärungen vereinigt zu sein; dann aber wäre, wie Dindorf in den Addenda vol. III. p. 426 sagt, die des Didymus vor ὁ μὲν Δίδυμος ausgefallen. Dies ist aber unglaublich, weil dem festen Sprachgebrauch der Scholien gemäss, wenn das Scholion der Bezeichnung des Autors vorangeht, geschrieben wäre: οὕτως ὁ Δίδυμος; leicht kann man sich durch folgende Beispiele davon überzeugen. ach. 1127 bei vorangestellter Erklärung am Schluss derselben: οὕτως ὁ Σύμμαχος. Ebenso av. 1273 οὕτω Δίδυμος und an derselben Stelle noch οὕτω Σύμμαχος. av. 1283 οὕτω Σύμμαχος. Wenn dagegen das Scholion dem Namen des Autors erst folgt, wird οὕτω nachgestellt z. B. av. 1680: ὁ δὲ Δίδυμος οὕτω. Deshalb möchte man es für richtig halten, mit M. Schmidt (in seiner Ausgabe des Didymus p. 255) nach οὕτως eine Lücke anzusetzen. Aber auch das ist, glaube ich, zu verwerfen. Denn zunächst ist doch die Wahrscheinlichkeit eine sehr geringe, dass nicht etwa ein Theil einer Erklärung, sondern die ganze ausgefallen sei. Sodann finden wir, wenn wir unsere Stelle genauer betrachten, dass selbst bei der Annahme einer Lücke nicht eine Meinung des Didymus einer solchen des Ammonios und einer des Symmachus gegenüberstehen, sondern der Erklärung des Didymus würde die eines Gelehrten entgegengestellt sein, welcher den Ammonios citirt und kritisirt ($\gamma\varepsilon\lambda o i\omega\varsigma$) hat. Es wäre also auch anzunehmen, dass noch die Bezeichnung eines zweiten Grammatikers fehlt, was doch kaum glaublich ist. Wir werden aber eine leichte und, wie es mir scheint, allen Ansprüchen genügende Verbesserung erhalten, wenn wir blos zwei verschiedene Interpretes annehmen, die der Redacteur unseres Scholienapparates in Gegensatz gebracht hat: ὁ μὲν $\varDelta$ίδυμος und ὁ δὲ Σύμμαχος. Geht man von diesem Gedanken aus, so ist einfach das vor Ἀμμώνιος stehende δὲ zu tilgen. Wie leicht ein Abschreiber nach dem dicht vorhergehenden ὁ μὲν verführt werden konnte, ein solches δὲ hinzuzufügen, liegt auf der Hand. Dann haben wir den Didymus, der die Erklärung des Ammonius kritisirt und aus dem Schatze seines Wissen die werthvollsten Citate hinzufügt. Zugleich haben wir mit unserer Ansicht die Sitte unseres Scholiensammlers gewahrt, der Erklärungen des Didymus und Symmachus einander gegenüberzustellen liebt z. B. av. 1121. 1273. 1283. 1294 u. s. w.

1461 (Dind. III. p. 264, 25): In unsern Handschriften

findet sich τροχός, ὅς μάστιγι δερόμενος στρέφεται. Durchaus unverständlich ist hier δερόμενος. Der Kreisel oder der Reif, mit dem die Kinder spielen, dreht sich nicht von der Peitsche „geschunden", sondern „getrieben". Dies ist aber nicht δερόμενος sondern διωκόμενος. Diese Emendation ist zweifellos richtig, wenn sie sich auch gerade durch ihre Leichtigkeit nicht empfiehlt. Es bezeugt sie nämlich Suidas unter dem Worte βέμβηξ.

1490 (Dind. III. p. 267, 7): οἱ ἥρωες δὲ δυσόργητοι καὶ χαλεποὶ τοῖς ἐμπελάζουσι γινόνται, καθάπερ Μένανδρος ἐν Συνεφήβοις. ὅτι ἀγαθὸν γάμον χειμῶνος ὁ θεὸς δίδωσιν, οὐδ᾽ ἥρωσιν εἰς τοῦτο δύναμιν, ἀλλ᾽ ἀποπλήκτους μὲν ποιεῖν δύνανται, τὸ δὲ ὠφελὲς οὐ κέκτηνται. Die Worte ὅτι — δίδωσιν stören offenbar den Sinn des ganzen. Bequem ist es, wie Dindorf gethan hat, sich mit der Annahme einer Lücke vor ὅτι zu helfen, wenn nur dabei das Vorhandene irgend wie passend zu verbinden wäre. Denn statuiren wir auch vor ὅτι den Ausfall einiger Worte, so bleibt doch das Folgende unverständlich „der Gott giebt im Winter eine glückliche Ehe, nicht aber den Heroen dazu die Macht". Ich meine nun, dass dem Gedanken nach nichts fehlt, dass freilich die Worte γάμον χειμῶνος an einer schweren Verderbniss leiden. Sicher scheint mir δύναμις für δύναμιν. Die ganze Stelle hat ursprünglich meiner Vermuthung nach folgendermassen gelautet: οἱ ἥρωες δὲ δυσόργητοι καὶ χαλεποὶ τοῖς ἐμπελάζουσι γίνονται, καθάπερ Μένανδρος ἐν Συνεφήβοις, ὅτι ἀγαθὸν καλόν τε μόνος ὁ θεὸς δίδωσιν, οὐδ᾽

ἥρωσιν εἰς τοῦτο δύναμις, ἀλλ' κτα. Deutsch wiedergegeben lautet es ungefähr: "denn das Gute und Schöne verleiht die Gottheit allein, nicht aber haben die Heroen dazu die Fähigkeit, sondern diese können nur erschrecken und betäuben, ohne eine heilbringende Kraft zu besitzen".

1526 (Dind. III. p. 269, 20): ὁ πατρῷος: ὅτι κατ' ἔλλειψίν ἐστι τοῦ Ἀπόλλωνος. d. h. "von πατρῷος ist zu bemerken, (σημειωτέον ist so oft zu ergänzen), dass es mit Auslassung von Ἀπόλλων steht". Da, wie auch das folgende zeigt, nicht der Genitiv, sondern der Nominativ zu suppliren ist, so ist auch τοῦ Ἀπόλλων zu schreiben. cf. equ. 46. οἷον καταμαθὼν: αἰσθόμενος. πρὸς ἔμφασιν δὲ πλείονα εἶπε τοῦ μαθών. Der Nominativ heisst also τὸ Ἀπόλλων, τὸ μαθών.

1581 (Dind. III. p. 274, 21): σίλφιον: εἶδος βοτάνης ἡδυόσμου, καὶ μάλιστα τὸ Κυρηναϊκόν. Unverständlich ist καὶ μάλιστα τὸ Κυρηναϊκόν, denn wörtlich übersetzt, müsste es lauten: "und ganz besonders das Cyrenäische Silphium suppl. ist eine wohlriechende Pflanzenart." Sehr wahrscheinlich ist daher μάλιστα verdorben, und es wird dafür κάλλιστον zu schreiben sein. Bestätigt, scheint mir, wird diese Emendation durch eine ganz ähnliche Stelle equ. 890: σίλφιον δὲ ῥίζα κατά τινας ἡ δύοσμος ἐν Λιβύῃ γινομένη ἀρτυτικὴ καὶ θεραπευτική. καλλίστη δὲ ἡ Κυρηναϊκή.

1702 (Dind. III. p. 281, 8): ... Δίδυμος δέ· ἐν ταῖς θυσίαις χωρὶς ἡ γλῶττα ἐτέμνετο, οὐ μετὰ τῶν ἄλλων σπλάγχνων. καὶ Ὅμηρος "ἀλλ' ἄγε τάμνετε μὲν γλώσσας". ἐγένετο δὲ τοῦτο δι' ἄλλην αἰτίαν. οὕτως δὲ βούλεται λέγειν, ὅτι ἐξεβλήθη ἐκ τῶν σπλάγχνων διὰ τοὺς ῥήτορας ἡ γλῶσσα, ἐπεὶ ταύτῃ τοὺς ἄλλους κακοποιοῦσιν. Der Gedankengang in dieser Erklärung des Didymus ist folgender: „bei den Opfern schnitt man den Opferthieren die Zunge aus, nicht aber zugleich die übrigen Eingeweide; so sagt auch Homer „wohlan schneidet die Zungen heraus"; jedoch geschah es bei diesem aus einer anderen Ursache. Aristophanes aber will sagen, dass ihre Zunge herausgeschnitten sei, weil sie Redner waren und durch jene andere Menschen schädigten." Ist diese Auffassung richtig, so ist οὕτως Zeile 8 vollständig unklar und meiner Meinung nach sicher verderbt. Jeder erwartet im Gegensatz zu Ὅμηρος etwa Ἀριστοφάνης δὲ, was freilich wohl Niemand für οὕτως δὲ einsetzen wird. Fast ohne Aenderung ist aber dafür οὗτος zu schreiben. Doch ich will noch einen andern Beweis für die Richtigkeit meiner Verbesserung anführen. Der Erklärung des Didymus geht eine solche des Symmachus voran. Dieser hat nun, wie ich im nächsten Capitel näher zeigen werde, den ersteren völlig ausgeschrieben, indem er bisweilen mit Beibehaltung derselben Worte und Ausdrücke nur die Sätze etwas zusammenzog; hiervon ist unsere Stelle ein Beispiel:

Didymus.	Symmachus.
ἐν ταῖς θυσίαις χωρὶς ἡ γλῶττα ἐτέμνετο, οὐ μετὰ τῶν ἄλλων σπλάγχνων.	ὅτι μετὰ τῶν σπλάγχνων ἔτεμνον τὴν γλῶτταν.

Didymus.	Symmachus.
καὶ Ὅμηρος „ἀλλ' ἄγε τάμνετε μὲν γλώσσας." ἐγένετο δὲ τοῦτο δι' ἄλλην αἰτίαν.	καὶ παρ' Ὁμήρῳ.
οὗτος δὲ βούλεται λέγειν ὅτι ἐξεβλήθη ἐκ τῶν σπλάγχνων διὰ τοὺς ῥήτορας ἡ γλῶσσα, ἐπεὶ ταύτῃ τοὺς ἄλλους κακοποιοῦσιν.	οὗτος δὲ διὰ τὴν πονηρίαν τῶν δικολόγων φησὶν ἐκβεβλῆσθαι χωρὶς τὴν γλῶτταν.

Glücklicher Weise hat also die kürzere Fassung bei Symmachus noch das richtige οὗτος δὲ erhalten.
equ. 975: (vol. II, p. 293, 25) zu ἐν τῷ δείγματι τῶν δικῶν: .... ἄλλως· ἐν τῷ Πειραιεῖ, ὅπου δικάζουσιν. ἐπεὶ ἐκεῖ οἱ ἔμποροι τὰ δείγματα τῶν πωλουμένων ἐτίθεσαν. Das Präsens δικάζουσιν passt weder an sich noch zu dem folgenden Imperfectum ἐτίθεσαν. Der Sinn scheint mir zu fordern: ὅπου [πολλαὶ δίκαι] ἐδικάζοντο, ἐπεὶ ἐκεῖ οἱ ἔμποροι κτα.

Thesmoph 169 (III, 355, 22). ἀλλαχοῦ δὲ ὁ Δίδυμός φησιν, ἡ μὲν γραφὴ δύναται μένειν, οὐκ ἂν δὲ τούτου τοῦ μελοποιοῦ μέμνηται, πάλιν τὸ αὐτὸ λέγων ὅτι οὐκ ἐπεπόλαζε τὰ μέλη. Ἀλκαίου τοῦ κιθαρῳδοῦ κτα. So in den Handschriften wie bei Dindorf. Schon bei oberflächlicher Betrachtung wird man zugeben, dass vor Ἀλκαίου ein ἀλλ' ausgefallen ist, was auch sehr leicht übersehen werden konnte: οὐκ ἂν τούτου τοῦ μελοποιοῦ μέμνηται, πάλιν τὸ αὐτὸ λέγων ὅτι οὐκ ἐπεπόλαζε τὰ μέλη, [ἀλλ'] Ἀλκαίου τοῦ κιθαρῳδοῦ κτα.

Doch ich will mich mit diesen Beispielen begnügen;

freilich ist damit keineswegs die Zahl der Stellen erschöpft, die noch der bessernden Hand des Kritikers harren.

III.

Am Schlusse dreier Stücke, der Wolken, der Vögel und des Friedens ist uns eine Subscription erhalten, in der Phainus und Symmachus und andere, die nicht genannt sind, als Quellen unseres Scholientextes angegeben sind. Nun lässt sich einfach daraus, dass in unsern Scholien Symmachus vierzigmal, Phainus nur fünfmal erwähnt wird, schon ziemlich sicher schliessen, dass jener erstere in ganz bevorzugter Weise benutzt sein muss. Doch noch andere Grammatiker hat der Gelehrte, welcher unsern Scholientext redigirte, direct benutzt; das bezeugt er selbst, indem er am Ende der Vögel sagt: $\pi\alpha\rho\alpha\gamma\acute{\epsilon}\gamma\rho\alpha\pi\tau\alpha\iota\ \acute{\epsilon}\varkappa\ \tau\tilde{\omega}\nu\ \Sigma\upsilon\mu\mu\acute{\alpha}\chi\upsilon\upsilon\ \varkappa\alpha\grave{\iota}\ \ddot{\alpha}\lambda\lambda\omega\nu\ \sigma\chi\upsilon\lambda\acute{\iota}\omega\nu$ und am Schluss der Wolken: $\acute{\epsilon}\varkappa\ \tau\tilde{\omega}\nu\ \Phi\alpha\epsilon\iota\nu\upsilon\tilde{\upsilon}\ \varkappa\alpha\grave{\iota}\ \Sigma\upsilon\mu\mu\acute{\alpha}\chi\upsilon\upsilon\ \varkappa\alpha\grave{\iota}\ \ddot{\alpha}\lambda\lambda\omega\nu\ \tau\iota\nu\tilde{\omega}\nu$. In die Zahl dieser ungenannten Interpreten gehört aber ganz besonders Didymus. Schon die Berühmtheit seines Namens lässt dies fast selbstverständlich erscheinen, ganz abgesehen davon, dass er neunundsechzig Mal in unsern Scholien erwähnt ist. Doch man könnte nicht ohne Schein einwenden, jene Citate aus Didymus seien nicht direct, sondern nur vermittelt etwa durch Symmachus auf uns gekommen. Um dies zu entkräften, müssen wir auf die einzelnen Fälle selbst eingehen. Betrachten

wir, um ein Beispiel herauszugreifen, das Scholion zu
av. 1273 (Dind. III, 249, 1): ὦ κατακέλευσον:
Οἰονεί σιωπὴν κήρυξον. οἱ γὰρ κελευσταὶ πολλάκις σιωπὴν παραγγέλλειν εἰώθασιν, σιώπα λέγοντες καὶ ἄκουε
καὶ τὰ ὅμοια. οὕτω Δίδυμος.
Ἄλλως. ἐπεὶ πολλάκις εἴρηκεν ὦ καὶ οὐκ ἐπίσχει
αὐτὸν ὁ Πεισθέταιρος, ὁ ἄγγελός φησι κατακέλευσον,
ὥσπερ τοῖς ἐρέσσουσι, καὶ τοῦ λέγειν παύσασθαι παρακέλευσαί μοι. οὕτω Σύμμαχος.
Die Art und Weise, wie die Erklärung des Symmachus angeführt wird, ist doch ganz dieselbe wie
bei der des Didymus. Wenn aber der Redacteur
unseres Scholiencodex jene aus dem Werke des
Symmachus selbst geschöpft hat, warum sollte es
bei der des Didymus nicht auch der Fall sein?
denn es ist nicht glaublich, dass er die Worte des
Didymus aus dem Commentar des Symmachus her-
ausgeschält und als eigenes Citat hingestellt hätte.
Ganz dieselbe directe Benutzung zeigen noch folgende
Didymusscholien av. 877. 1002. 1283. 1294. 1297.
1362. 1680. Ob von den übrigen Stellen, die uns aus
Didymus überliefert sind, vielleicht die eine oder andere indirect etwa durch das Citat des Symmachus
uns bekannt geworden ist, will ich hier nicht unter-
suchen. Auch die Frage will ich nicht weiter erörtern,
wie viele Scholien etwa noch dem Symmachus, ausser
denen, wo er genannt, mit Wahrscheinlichkeit beigelegt
werden können. Wichtiger scheint es mir, die Quellen
desselben festzustellen. Betrachten wir zunächst av.
58: Σύμμαχος καὶ Δίδυμος προπαροξύνουσιν ἀπὸ τοῦ

οἱ ἔποποι. Der Redacteur unserer Scholien hat also sowohl in den ὑπομνήνατα des Didymus wie des Symmachus die Bemerkung gefunden, dass ἔποποι auf der drittletzten Silbe zu betonen sei. Hier hat also Symmachus den Didymus benutzt. Vergleichen wir sodann die beiden Scholien v. 1702 (Dind. III, p. 281, 3):

Symmachus.	Didymus.
Σύμμαχος πρὸς τὸ ἔθος, ὅτι μετὰ τῶν σπλάγχνων ἔτεμνον τὴν γλῶτταν.	Δίδυμος δὲ· ἐν ταῖς θυσίαις χωρὶς ἡ γλῶττα ἐτέμνετο, οὐ μετὰ τῶν ἄλλων σπλάγχνων.
καὶ παρ' Ὁμήρῳ.	καὶ Ὅμηρος „ἀλλ' ἄγε τάμνετε μὲν γλώσσας". ἐγένετο δὲ τοῦτο δἰ ἄλλην αἰτίαν.
οὗτος δὲ (scil. Ἀριστοφάνης) διὰ τὴν πονηρίαν τῶν δικολόγων φησὶν ἐκβεβλῆσθαι χωρὶς τὴν γλῶτταν.	οὗτος δὲ βούλεται λέγειν, ὅτι ἐξεβλήθη ἐκ τῶν σπλάγχνων διὰ τοὺς ῥήτορας ἡ γλῶσσα ἐπεὶ ταύτῃ τοὺς ἄλλους κακοποιοῦσιν.

Man sieht, wie Symmachus den Gedankengang aus Didymus entlehnt hat. Nur im Einzeln ist etwas gekürzt, der Ausdruck theils beibehalten theils ungeändert.

Aehnlich 1297 (Diud. III, p. 252, 17):

ὁ μὲν Δίδυμος οὕτως. ὁ Ἀμμώνιος ᾠήθη ἐξ ἐπιθέ του Μειδίαν ὀρ-	ὁ δὲ Σύμμαχος, ἧκεν [ἀντὶ τοῦ] ἑώκει. ὄρτυγα δὲ λέγει, ὅτι ὀρτυγο-

τυγα καλεῖσθαι. γελοίως. διὰ τὸ κυβευτὴν εἶναι καὶ ἐν πυρῷ τοὺς ὄρ- θυγας κόπτειν, οὕ- τως αὐτὸν νῦν Ἀριστο- φάνης προεῖπε. δηλοῖ δὲ τοῦτο κτα. | κόπος ἦν, περὶ οὗ προ εἴρηται.

Didymus sowohl wie Symmachus erklären also den Beinamen ὄρτυξ auf gleiche Weise. Wunderbar scheint aber der Zusatz περὶ οὗ προείρησαι. Denn an einer früheren Stelle hat Symmachus über den Midias noch nicht gesprochen. Es rührt derselbe also gar nicht von diesem her, sondern von dem Redacteur der Scho- lien, welcher die Erklärung des Symmachus (über ὄρ- τυγξ) nicht weiter in seine Sammlung aufnahm, weil er kurz vorher unter Didymus' Namen schon ganz dasselbe geschrieben haben mochte. Wenn diese Inter- pretation richtig ist, so brauchen wir uns gar nicht zu wundern, dass wir so selten eine Erklärung des Didymus und daneben dieselbe unter Symmachus Na- men in unsern Scholien noch erhalten finden. — Doch man kann es noch von einer andern Seite her wahr- scheinlich machen, dass Symmachus den Didymus aus- geschrieben hat. Eine Eigenthümlichkeit des Didymei- schen Stils ist es nämlich, welche trotz der Sparsam- keit der Fragmente überall beobachtet werden kann, häufig die Partikel μήποτε „also" zu brauchen z. B. Hom. Il. Α, 532 καὶ μήποτε ἐκ περισσοῦ τὸ τί πρόσ- κειται. Β, 133 καὶ μήποτε ἄμεινον ἔχει 798: καὶ μήποτε παραπλήσιόν ἐστι τὸ. Η, 238 καὶ μήποτε πιθανῶς. 436 καὶ μήποτε ἄμεινον τοῦτο, ebenso Θ, 405. Κ, 124. Ν, 2. Ν, 502. Ο, 32. Π, 461. Π, 668. Σ, 182. Φ, 130. Φ, 536. Ω, 20. ad. Pind. Nem. I, 14 (p. 507): μήποτε οὖν δεῖ ἀναγιγνώσκειν τὴν παραλήγουσαν συλλαβὴν ὀξυτόνως. Athen II, p. 70. C. Aristoph. Ran. 1017. μήποτε δὲ γραπτέον εἴη. av. 300. pac. 831. Wenn wir nun in den erhaltenen Resten des Symmacheischen Commentars an einigen Stellen ebenfalls jenes μήποτε gebraucht finden, so werden wir dies nicht ohne Wahrscheinlichkeit so erklären, dass diese Abschnitte dem Didymus entlehnt sind cf. av. 304: μήποτε οὐχ ἕν ἔστιν ἀλλὰ δύο, φησίν ὁ Σύμμαχος. av. 1294: μήποτε οὖν εἰς τὸ αὐτὸ καὶ Κρατῖνος Δηλίασι κτα. Zugleich werden wir den Schluss wagen dürfen, dass alle Stellen, wo in den Aristophanesscholien μήποτε sich findet, Didymeischen Charakter tragen: av. 17. 302. 303. 368[1]). 485. 590. 834. 843. 873. 883. 998. 1276. 1295. 1619. ran. 133. 305. 370. 1447. vesp. 379. 438. 672. 673. 716. 769. 941. 1117. 1133. 1164. pac. 144. 241. 696. 831. 1012. 1165. nub. 1303. plut. 550.

Scheint es mir nach diesen Beispielen nicht mehr zweifelhaft, dass Symmachus den Didymus vielfach benutzt hat, so mögen im Einzeln noch eine Anzahl an Stellen besprochen werden, die unter Anwendung jenes Grundsatzes einen gewissen Werth bekommen. Betrachten wir zunächst die beiden Scholien zu av. 1002

---

[1]) wo μήποτε ἐγένετο für ἔστι aus Suidas einzusetzen ist.

und zwar in der Reihenfolge, wie sie der Ravennas bezeugt:

Δίδυμος· τοιοῦτος ἀήρ ἐστι τῇ γῇ περικείμενος, ὅμοιος πνιγεῖ, καθαπερεὶ πῶμά τι περικείμενος. τὰ δὲ ἑξῆς, φησὶ Σύμμαχος, ἐπίτηδες ἀδιανόητα.	ἄλλως: ὥσπερ, φησὶ, πνιγεὺς περίκειται τῇ γῇ. τὰ δὲ ἑξῆς ἀδιανόητα. πνιγεὺς δὲ ὁ κρίβανος ἢ ἡ κάμινος.

Die grosse Uebereinstimmung beider Erklärungen liegt auf der Hand, und da die des Didymus die ausführlichere ist, so denkt man unwillkürlich daran, dass die zweite aus der ersten von Symmachus zusammengestellt sei. In dem unter Didymus Namen überlieferten Scholion kommt nun aber der Name Σύμμαχος vor; hier ist er aber unterträglich; denn die Worte: τὰ δὲ ἑξῆς ἐπίτηδες ἀδιανόητα sind durchaus didymeisch cf. vesp. 1349: Δίδυμός φησιν, ἀδιανόητα σκώπτει ἐνταῦθα. plut. 806: ἀδιανόητος ὁ ἴαμβος. Folglich wird er an eine falsche Stelle gerathen sein; es muss geschrieben werden: ἄλλως. ὥσπερ, φησὶ [Σύμμαχος], κτα. Zu dem ersten φησὶ ist aber Didymus zu ergänzen; der Abschreiber konnte sehr leicht fehlen, indem er von dem ersten φησὶ zum andern abirrte. Mit Annahme dieser Conjectur erhalten wir ein neues Beispiel für die Benutzung des Didymus durch Symmachus.

Vergleichen wir ferner die zu pac. 1253 uns erhaltenen zwei Scholien:

οἱ μὲν ἀξιοῦσι χυλὸν βο-
τάνης εἶναι τὴν συρ-
μαίαν, ᾗ χρῶνται Αἰγύπ-
τιοι πρὸς διάρροιαν,
τινὲς δὲ τὸν λεγόμενον
ζύθον, ὡς καὶ φησὶ Δί-
δυμος.

Ἄλλως: φαίνονται τοῦ
χυλοῦ τῆς συρμαίας πί-
νειν οἱ Αἰγύπτιοι πρὸς
διάρροιαν, ὡς Δίδυ-
μος.

Wenn das erste Scholion von Didymus herrührt, so stammt das zweite von einem Grammatiker, der jenen benutzt und citirt. Da wir nun wissen, dass Symmachus vorzüglich den Didymus excerpirte, werden wir jenem die zweite Erklärung vindiciren. — Wenn am Schlusse des werthvollen Scholions zu plut. v. 1130 vom Redacteur hinzugefügt wird, οὕτω καὶ Δίδυμος, so möchte ich aus diesen Worten folgern, dass jener dieselbe Erklärung, die er eben aus dem Symmachus aufgenommen, auch beim Didymus gefunden und darum die des letztern nicht noch einmal in seine Sammlung eingefügt hat. — Klarer ist das Scholion a v. 439, wo als Verfasser des ganzen Scholions Σύμμαχος vorangestellt ist und in dem Scholion selbst die Erklärung des Didymus aufgeführt ist; hier hat also Symmachus selbst den Didymus citirt und ausgeschrieben. Etwas schwieriger ist es, sich über die beiden Scholien zu av. 1379 klar zu werden.

ὅτι πολλάκις τὸ μὲν κυλλὸν
ἐπὶ τοῦ ποδὸς ἔτασσον,
ὡς ὁ ποιητής „ὄρσεο κυλ-
λοπόδιον." τὸ δὲ χωλὸν

ἄλλως: Δίδυμος μὲν
κύκλον, ἐπεὶ κυκλίων ᾀσ-
μάτων ποιητής ἐστι, κυλ-
λὸν δὲ, ἐπεὶ χωλός ἐστιν.

ἐπὶ τῆς χειρὸς, ὡς Εὐ-
πόλις, „ὅτι χωλός ἐστι τὴν
ἑτέραν χεῖρ᾽ οὐ λέγεις."

Καὶ Εὐφρόνιος μὲν χω-
λὸν εἶναι τὸν Κινη-
σίαν φησίν. ἢ τάχα,
ἐπεὶ πολλάκις ἐστὶ
παρ᾽ αὐτοῖς ποδὶ
κούφῳ, ἢ ποδὶ λευκῷ,
ἢ πόδα τιθεὶς, ἤ τι
τοιοῦτον, τὸ κυλλὸν
προσέθηκεν.

εἴρηται δὲ περὶ αὐτοῦ ἐν
Βατράχοις. ὁ δὲ Ἀριστο-
τέλης ἐν ταῖς Διδασκα-
λίαις δύο φησὶ γεγονέναι.
Σύμμαχος οὕτως. Εὐφρό-
νιος, ἐπειδὴ κυλλὸς
ἦν ὁ Κινησίας. τοῦτο
δὲ οὐκ ἔστιν εὑρεῖν. ἀλλ᾽
ἐπειδὴ πολὺ παρ᾽ αὐ-
τοῖς ἐστι τὸ ποδὶ λεύ-
κῳ, καὶ ποδὶ κούφῳ,
καὶ πόδα τιθεὶς ἤ
τι τοιοῦτον, τὸ κυλ-
λὸν προσέθηκεν.

In beiden Scholien haben wir zunächst eine ziemlich wörtlich übereinstimmende Erklärung des Euphronios. In dem zweiten Scholion müssten wir aus dem Σύμμαχος οὕτως schliessen, dass Symmachos der gewesen sei, welcher nicht blos den Euphronios angeführt, sondern auch kritisirt und widerlegt habe. Wie käme aber dann das Symmacheische Citat sammt der Kritik desselben zugleich in das erste Scholion? denn unglaublich ist es, dass der Redacteur unserer Scholien den Symmachus zweimal in seinen Codex eingetragen habe. Es bleibt also nichts anderes übrig, als dass Symmachus die Erklärung des Euphronios zugleich mit der Widerlegung derselben aus dem Werke eines andern Gelehrten entlehnt habe. Jeder erräth wohl, dass dieser Didymus war, der auch in demselben Scholion genannt ist.

equ. 975: Σύμμαχος. σκέψασθε τί δήποτέ ἐστι τὸ δεῖγμα τῶν δικῶν παρεῖται, γὰρ, φησὶν, εἰ μὴ τὸ δεῖγμα τόπος ἐστὶν ἐν Πειραιεῖ, ἔνθα πολλοὶ συνήγοντο ξένοι καὶ πολῖται καὶ ἐλογοποίουν. τὸ δὲ τῶν δικῶν προσέθηκε, ἵνα διαβάλλῃ τὸ φιλόδικον τῶν Ἀθηναίων.

ἄλλως:

ἐν τῷ Πειραιεῖ, ὅπου δικάζουσιν· ἐπεὶ ἐκεῖ οἱ ἔμποροι τὰ δείγματα τῶν πωλουμένων ἐτίθεσαν. ἅμα δὲ ἔσκωψε τὸ φιλόδικον τῶν Ἀθηναίων.

Dass die beiden Scholien einander ähnlich sind, leuchtet ein; vermuthlich ist also das zweite, dem Didymus gehörig; freilich ist es sehr verkürzt worden; aber das hat seinen Grund, weil der Epitomator nicht zweimal dasselbe schreiben wollte. —
Wir kommen nunmehr zu den Scholien, wo sowohl der Name des Didymus wie des Symmachus fehlt. Betrachten wir z. B. ran. 305:

Ἡγέλοχος: Τραγῳδίας ὑποκριτὴς, ὃν καὶ ἐν τῷ Ὀρέστῃ Εὐριπίδου, προσιάντος αὐτῷ τοῦ πνεύματος ἐν τῷδε τῷ στίχῳ »ἐκ κυμάτων γὰρ αὖθισ αὖ γαλήν' ὁρῶ· αἰφνιδίως ὀφθῆναι συνελόντα τὴν

ὅτι Ἡγέλοχος ὁ τραγικὸς ὑποκριτὴς ὢν τοῦ Εὐριπίδου Ὀρέστην ὑποκρινόμενος οὕτω προηνέγκαιτο ὥστε μὴ ὑποχωρῆσαι ἐκ τῆς συναλοιφῆς τὸ γαληνὰ, ἀλλὰ διαχωρῆσαι μᾶλλον, ὥστε τὴν

συναλοιφήν. τοῦτον δὲ | γαλῆν αὐτὸν εἰπεῖν.
ὡς ἀτερπῆ τὴν φωνὴν | .... μήποτε οὖν οὐκ
Πλάτων σκώπτει. | ἔλεγον οὕτως, ἀλλὰ γα-
| λῆν. ὡς ἀηδὴς δὲ τὴν
| φωνὴν ἐκωμῳδεῖτο ὁ
| Ἡγέλοχος.

Wenn das zweite Scholion schon durch seine Ausführlichkeit als das ursprüngliche erscheint, von dem das erste nur ein Auszug ist, so lässt sich aus dem in jenem gebrauchten μήποτε schliessen, dass es von Didymus herrührt. Von dem ersten wird dann vermuthlich Symmachus der Verfasser sein. — Betrachtet man die Fragmente des Didymus, so beobachtet man leicht eine durchgehende Eigenthümlichkeit dieses Gelehrten. Er pflegt nämlich, nachdem er die Meinungen anderer Erklärer citirt hat, mit einem einzigen Worte sein Urtheil hinzuzusetzen. cf. Hom. O, 86: Ἀρίσταρχος σημειοῦται, ὅτι οὕτως μόνως γραπτέον δέπασσιν. φησὶ γοῦν ἐν τοῖς ἑξῆς. Θέμιστι δὲ καλλιπαρήῳ δέκτο δέπας, ἐν ἐνίοις δὲ· κάλεόν τέ μιν εἰς ἓ ἕκαστος. οὐκ εὖ. Ebenso B, 278: οὐκ ὀρθῶς. B, 494: οὐκ εὐδὲ. H, 22: οὐκ ἀπιθάνως. Π, 106: οὐκ εὖ. Π, 161: οὐ καλῶς. P, 171: οὐ κακῶς. Hom. Od. Δ, 231: κακῶς. H, 41: οὐκ εὖ. I, 249: οὐκ εὖ. Aristoph. av. 1297: ὁ μὲν Δίδυμος οὕτως· ὁ Ἀμμώνιος ᾠήθη ἐξ ἐπιθέτου Μειδίαν ὄρτυγα καλεῖσθαι. γελοίως.

Hat man sich aus diesen zahlreichen Beispielen ein Bild von der Eigenart unseres Grammatikers gemacht, so wird man auch aus den Scholien des Aristophanes eine Anzahl als unzweifelhaft didymeisch herausfinden, so vesp. 1027: Ἐρατοσθένην δὲ ἀγνοήσαντα τὴν Κύνναν ὅτι πόρνη, οἱ μέν τινες προφέρεσθαί φασι κυνός, ὡς ἐπ' ἀναιδοῦς, οἱ δὲ πυρός· οὐκ εὖ. ebenso vesp. 1237: οὐκ εὖ. plut. 538: οὐκ ἔστι δέ. av. 998: τοῦτο δὲ ψεῦδος. ran. 146: ψεῦδος δέ. vesp. 1350: ἀστείως u. s. w. Dahin gehört auch ran. 423, wo Didymus, nachdem er die Erklärung des Apollonius angeführt hat, kurz hinzusetzt: ψυχρὸν γάρ. Doch ich will auf das Einzelne nicht eingehen; es genügt mir durch diese wenigen Beispiele, meine Ansicht erläutert zu haben. — Schliesslich will ich eine Klasse von Scholien erwähnen, bei denen man nach dem Vorangehenden den Didymus nicht ohne Wahrscheinlichkeit als Verfasser vermuthen kann. Es finden sich nämlich häufig zu ein und derselben Stelle doppelte Erklärungen, die in Worten wie in Gedanken einander so ähnlich sind, dass sie nothwendig auf ein und denselben Autor zurückgehen, so z. B ran. 426:

ταφαὶ ὅπου οἱ ἐν πολέμῳ ἐνδόξως τετελευτηκότες μετὰ τιμῆς ἐθάπτοντο δημοσίᾳ.	Ἄλλως: τοῖς κατὰ τὸν πόλεμον ἀποθανοῦσι δημοσίᾳ τάφους προυτίθεσαν.
ran. 492: Παροιμίᾳ ἐπὶ τῶν τὰ αὐτὰ συνεχῶς λεγόντων τῶν Μεγαρέων ἀποστάντων Κορινθίων, ἀπεσιάλη κῆρυξ πολλάκις λέγων ὅτι οὐκ ἀνέ-	παροιμία ἐστὶν ἐπὶ τῶν τὰ αὐτὰ λεγόντων. προφέρονται δὲ παρὰ τὸν Διὸς Κόρινθον. καὶ Πίνδαρος μνημονεύει τῆς παροιμίας ἐν Νεμεονίκαις.

ξεται ὑμῶν ὁ τοῦ Διὸς Κόρινθος· καὶ ἐπέμενέ τε τὸ αὐτὸ λέγων, ἕως οἱ Μεγαρεῖς σικχανθέντες ἔλεγον, παῖε παῖε τὸν Διὸς Κόρινθον, καὶ παροιμία ἐλέχθη ἐπὶ τῶν ταυτολογούντων ἀεὶ καὶ ταὐτὸ πραττόντων. ὁ δὲ Διὸς Κόρινθος, παῖς Διὸς, βασιλεὺς Κορίνθου. Μεγαρεῖς δὲ ὑποτελεῖς ἦσαν Κορινθίοις.

Μεγαρεῖς ὑποτελεῖς ἦσαν τοῖς Κορινθίοις καὶ ἀπαιτούμενοι, φησὶν, ἀεὶ ὑπὸ τοῦ Κήρυκος ταῦτα λέγοντος, οὐ τιμᾶτε τὸν Διὸς Κόρινθον. ὁ δὲ Διὸς Κόρινθος παῖς Διὸς βασιλέως Κορίνθου. οἱ δὲ ἀπέκτειναν αὐτὸν ἐπιφωνοῦντες παῖε, παῖε τὸν Διὸς Κόρινθον. ἔνθεν ἡ παροιμία ἐπὶ τῶν τὰ αὐτὰ λεγόντων καὶ πραττόντων.

Ganz von derselben Art sind ran. 810, 1=2. 941, 1=2. 1455, 1=2. 1561, 1=2. av. 262, 1=2. 282, 1=4. 507, 1=2. 663, 1=2. 767, 1=2. 874, 1=2. 1002, 1=2. 1022, 1=2. 1058, 1=2. 1073, 1=2. 1114, 1=2. 1148, 1=2. 1203, 1=2. 1204, 1=2. 1292, 2=3. 1406, 1=2. 1463, 1=2. 1655, 1=2. (wo vor νόμος richtig vom Venetus ἄλλως hinzugefügt wird).

Ebendahin gehören auch av. 1269 und 1281, wo zwar Dindorf die zweiten fast gleichlautenden Scholien, wahrscheinlich, weil sie der Ravennus nicht hat, aus dem Texte entfernt. Gewiss mit Unrecht, da der Venetus sie bezeugt und der Ravennus gerne, wie wir an früheren Stellen gesehen haben, eine von mehreren Erklärungen fortlässt. In allen den eben angeführten

Fällen scheint es nicht unwahrscheinlich, dass ein Scholion aus dem Didymus stammt, während das andere mit Benutzung des Didymus von Symmachus herrührt. Zweifelhaft wird es freilich bleiben, welches von beiden Scholien diesem oder jenem Gelehrten gehört. Zum Schluss mag noch ein letzter Beweis für die Benutzung des Didymus durch Symmachus angeführt werden. Ist es nämlich sicher, wie M. Schmidt p. 27 ff. wahrscheinlich gemacht hat, dass Hesychius die λέξις κωμική des Didymus exerpirt hat, so müssen wir daraus, dass zwischen Hesych und Symmachus Uebereinstimmungen bestehen, auch die Verwandtschaft zwischen Didymus und Symmachus schliessen. Ich habe mir hierfür drei Stellen angemerkt: nub. 862: ἁμαξίς. Σύμμαχος δὲ τὸ μικρὸν ἁμαξίον. Hesych: καὶ τὸ μικρὸν ἁμαξίον. equ. 1123: βρύλλων· Σύμμαχος δὲ ὑποπίνων. Hesych: βρύλλων ὑποπίνων. Pac. 916 λεπαστὴν: εἶδος ποτηρίου μεῖζον ἢ κύλιξ. οὕτως ὁ Σύμμαχος. Hesych λεπαστή· κύλιξ. Die Erklärungen, die Didymus in seinem Lexikon gab, hatte er zum Theil auch in seine ὑπομνήματα aufgenommen; daraus hatte sie Symmachus geschöpft.